Blechkuchen

GLÜCK

... für alle Blechkuchen-Fans

Liebe Blechkuchenfans,

mit diesem Backbuch geht ein weiterer Traum von mir in Erfüllung! Ich darf euch stolz mein zweites Backbuch präsentieren. Durch meine große Backleidenschaft werde ich immer gebeten, für Familienfeste und Geburtstage Kuchen für viele Leute zu backen. So entstand die Idee für mein Blechkuchen-Glück. Denn Kuchen vom Blech sind ein absoluter Klassiker auf der Kaffeetafel und jedermanns Liebling. Einfach, cremig und lecker sind meine Blechkuchenlieblinge.

Ihr findet über 50 tolle, praxiserprobte Rezepte zum Nachbacken; neben traditionellen, klassischen Blechkuchen habe ich auch eigens für dieses Buch neue Rezepte kreiert. Mit Früchten, Streuseln, Schokolade, Marmelade, federleicht-luftig, nussig-schokoladig oder unübertroffen cremig – die Auswahl ist groß und köstlich.

Vom saftigen Rührteig, über eine cremige Donauwelle bis hin zu aromatischen Obstkuchen mit knusprigen Streuseln. Entdeckt einfache Blechkuchen-Rezepte mit viel Geschmack. Für jeden Kuchenfan ist garantiert etwas dabei. Mein Lieblingsrezept ist der Blechkuchen am Stiel, praktisch zum Essen, optisch ansprechend und bei Erwachsenen und Kindern sehr beliebt.

Liebevoll gestaltet, mit brillanten Farbfotos und detaillierter Schritt-für-Schritt-Anleitung, lädt das Buch zum Nachbacken ein und ist ein absolutes Muss für alle Blechkuchen-Fans. Viel Spaß beim Nachbacken und Genießen!

Eure Lisa

Inhaltsverzeichnis

Verwendete Abkürzungen

g = Gramm
kg = Kilogramm
EL = Esslöffel
TL = Teelöffel
l = Liter
ml = Milliliter
Msp. = Messerspitze
Pck. = Päckchen
TK = tiefkühl
Ø = Durchmesser

Bei den angegebenen Dosenfrüchten handelt es sich um die Fruchteinwaage.

Backblech: Die Rezepte wurden, wenn nicht anders angegeben, auf einem Backblech mit einer Tiefe von 4 cm und einem Ø von 40 x 32,5 cm gebacken.

Verschiedene Teigarten

Egal ob Streuselkuchen vom Blech oder Bienenstich – Blechkuchen sind wahnsinnig vielseitig. Die Kuchen können dabei aus ganz unterschiedlichen Grundteigen zubereitet werden.

Rührteig:

- Die Zutaten sollten immer Zimmertemperatur haben, damit keine Klumpen entstehen.
- Je schaumiger die Butter mit Zucker geschlagen wird, desto lockerer wird der Kuchen. Eier immer nach und nach hinzugeben.
- Damit der Teig lockerer wird, sollte das Mehl mit dem Backpulver gemischt und gesiebt werden.
- Um zu prüfen ob der Kuchen durchgebacken ist, kann dies mit der Stäbchenprobe durchgeführt werden. Mit einem Holzstäbchen in die Mitte des Kuchens einstechen. Bleiben beim Herausziehen noch Teigreste hängen, sollte der Kuchen weitergebacken werden.

Foto: BrunoBarillari/stock.adobe.com

Mürbeteig:

- Die Hauptzutaten bei einem Mürbeteig sind Butter, Mehl und Zucker. Je nach Rezept kommen noch Eier hinzu. Bei dem Mürbeteig sollten alle Zutaten kalt sein, da er sonst schnell klebrig wird.
- Für den Mürbeteig alle trockenen Zutaten auf die Arbeitsfläche geben, die Eier hinzugeben, die Butter in kleine Stücke schneiden und aus allen Zutaten rasch einen Mürbeteig herstellen.
- Wichtig beim Mürbeteig ist die Kühlzeit; damit der Teig ganz durchkühlt, diesen zu einer Kugel formen und etwas flach drücken. Der Teig wird dadurch auch in der Mitte schneller gekühlt. Die Kühlzeit beträgt je nach Rezept zwischen 30 Min. und 45 Min.

Foto: uaPieceofCake/stock.adobe.com

Hefeteig:

- Die Zutaten sollten Raumtemperatur haben. Ein Würfel frischer Hefe (42 g) kann auch durch ein Päckchen Trockenhefe ersetzt werden.
- Die Hefe wird in der Milch (max. 37 °C) leicht erwärmt, aber Vorsicht, wird die Milch zu heiß, verlieren die Hefebakterien ihre Wirkung.
- **Wichtig:** Die Ruhezeiten an einem warmen Ort sollten eingehalten werden.
- Woran kann es liegen, dass der Teig nicht aufgeht? Die Milch mit der Hefe wurde zu hoch erhitzt, der Teig wurde zu wenig geknetet oder die Temperatur zum Gehen war zu kühl.

Biskuitteig:

- Alle Zutaten sollten Raumtemperatur haben. Der Biskuitteig benötigt viel Luft, daher müssen die Eier mit dem Zucker sehr gut schaumig gerührt werden (ca. 8 Min.).
- Das Mehl sollte immer gesiebt und vorsichtig untergehoben werden, damit die Luft im Teig bleibt. Dies gilt je nach Rezept auch für den Eischnee.
- Es kann ca. 1/3 des Mehls durch Speisestärke ersetzt werden, so wird der Biskuit noch lockerer.
- Damit der Teig nicht zusammenfällt, sollte dieser nach Fertigstellung schnellstens in die Form gefüllt und gebacken werden.
- Der Teig ist fertig gebacken, wenn die Oberfläche auf Fingerdruck etwas nachgibt.

Quarköl-Teig:

- Die Hauptzutaten bestehen aus Speisequark, Ei, Zucker, Mehl und Backpulver.
- Es sollte immer ein neutrales Öl (Sonnenblumenöl) verwendet werden.
- Das Gebäck schmeckt am besten frisch.

Brownieteig:

- Ein Brownie ist ein traditionelles Gebäck der US-amerikanischen Küche.
- Zur Herstellung verwendet man meist einen Rührteig mit flüssiger Schokolade und Kakaopulver.
- Brownies sollten nie ganz durchgebacken sein, sondern noch ein leicht nasses Innenleben aufweisen. ➡ Geschmackssache

Tipps und Tricks

Die Stäbchenprobe:
Die Backzeiten können je nach Ofen leicht variieren, daher ist die Stäbchenprobe zur Kontrolle ideal. Hierbei wird kurz vor dem Ende der Backzeit ein Holzspieß an der höchsten Stelle des Kuchens eingestochen. Bleibt beim Herausziehen etwas Teig an dem Spieß hängen, muss der Kuchen noch kurze Zeit weitergebacken werden. Bleibt der Holzspieß trocken, ist der Kuchen fertig. Es gibt selbstverständlich auch Ausnahmefälle, in welchen der Kuchen in der Mitte noch feucht sein muss.

Kuvertüre:
Immer klein hacken und bei niedriger Temperatur über dem Wasserbad schmelzen. **Achtung: Weiße Kuvertüre sollte nicht über 40 °C erwärmt werden, da die enthaltenen Milcheiweiße sonst ausflocken können.**

Foto: Mara Zemgaliete/stock.adobe.com

Hautbildung bei Vanillepudding:
Nachdem der Vanillepudding gekocht wurde, wird dieser zum Abkühlen in eine Schüssel umgefüllt. Damit bei der weiteren Verarbeitung keine Klumpen entstehen, wird auf den noch »heißen« Pudding etwas Frischhaltefolie gelegt. Sobald dieser ganz abgekühlt ist, wird die Frischhaltefolie abgezogen und der Pudding kann weiterverarbeitet werden.

Gelatine:
Wichtig bei der Verarbeitung von Gelatine ist der Kälte-Wärme-Ausgleich. Dabei wird die Blattgelatine im kalten Wasser etwa 5 Min. eingeweicht. Die Blätter einzeln hineingeben, damit sie nicht zusammenkleben und besser quellen können. Die eingeweichten Blätter werden bei niedriger Temperatur in einem Topf aufgelöst. Den Topf vom Herd nehmen und mit 4-5 EL der kalten Creme anrühren. Zum Schluss wird die Gelatine-Mischung über die restliche Creme gegeben und es wird alles gut miteinander verrührt.

Backpapier:
Ist der Rührteig etwas zäher, lässt sich dieser schwierig auf das mit Backpapier ausgelegte Backblech streichen. Hierfür gibt es einen ganz einfachen Trick: Jeweils einen Teelöffel vom Teig in die vier Ecken vom Backblech streichen und das Backpapier auf dem Teig »festkleben«, somit verrutscht das Backpapier beim Verteilen des Teiges nicht mehr.

Klassisch-fein

Blechkuchen sind immer gefragt.
Unsere Klassiker-Rezepte machen alle glücklich!
Einfach, cremig und lecker sind unsere Blechkuchenlieblinge.

Aprikosen-Mohn-Kuchen

Zutaten:

Hefeteig:
300 ml Milch
1 Würfel Hefe (42 g)
600 g Mehl
80 g Zucker
1 Pck. Vanillezucker
1 Pr. Salz
1 Ei
100 g weiche Butter

Pudding:
375 ml Milch
40 g Weichweizengrieß
100 g gemahlener Mohn
1 Pck. Vanillezucker
30 g Zucker
1 Ei

Zum Verzieren:
1 Dose Aprikosen (à 850 ml)
70 g Butter
50 g Mandelblättchen
1–2 EL Zucker

Zubereitung:

1. Die Milch lauwarm erwärmen und die Hefe darin auflösen. Mehl in eine Schüssel sieben. Den Zucker, den Vanillezucker, das Salz, das Ei und die Butter hinzugeben. Zum Schluss die Hefemilch hinzufügen und alles zu einem glatten Teig verkneten. Zugedeckt an einem warmen Ort ca. 45 Min. gehen lassen.

2. Für den Mohnpudding die Milch aufkochen und den Grieß, den Mohn, den Vanillezucker und den Zucker einrühren. Nochmals aufkochen und 2 bis 3 Min. köcheln lassen. Zum Schluss das Ei unterrühren und den Pudding beiseite stellen.

3. Die Aprikosen abgießen und abtropfen lassen.

4. Den Teig nochmals gut durchkneten und auf ein mit Backpapier ausgelegtes Blech ausrollen und abgedeckt 20 Min. an einem warmen Ort gehen lassen.

5. In den Hefeteig dicht aneinander tiefe Mulden drücken. Zuerst ein kleines Stück Butter hinein geben, danach den Mohnpudding und zum Schluss eine Aprikose darauf setzen.

6. Mit Mandeln und Zucker bestreuen und backen. **Backzeit: ca. 20 bis 25 Min. bei 200 °C (180 °C Heißluft)**

Klassiker
vom Blech

Bienenstich

Zutaten:

Hefeteig:
500 g Mehl
200 ml Milch
1 Würfel Hefe (42 g)
100 g Zucker
100 g weiche Butter
1 Ei
1 Pr. Salz

Belag:
150 g Butter
80 g Zucker
2 EL Honig
200 g Mandelblättchen

Füllung:
2 Pck. Vanillepuddingpulver
750 ml Milch
70 g Zucker
100 g weiche Butter

Zubereitung:

1. Das Mehl in eine Schüssel geben, in die Mitte eine Mulde drücken. Die Milch erwärmen, die Hefe darin auflösen und in die Mulde füllen. Den Zucker dazu geben und verrühren. Den Vorteig an einem warmen Ort zugedeckt ca. 15 Min. gehen lassen. Die weiche Butter, das Ei und das Salz zu dem Teig geben und mit den Knethaken zu einem glatten Teig verarbeiten. Diesen an einem warmen Ort abgedeckt ca. 45 Min. gehen lassen.

2. Für den Belag die Butter, den Zucker und den Honig in einem Topf aufkochen und kurz köcheln lassen. Vom Herd ziehen und die Mandelblättchen unterrühren. Abkühlen lassen und währenddessen immer wieder kurz umrühren.

3. Ein Backblech mit Backpapier auslegen und den Backofen vorheizen. Den Teig nochmals kurz durchkneten und auf dem Backblech ausrollen.

4. Die abgekühlten Mandeln auf dem Teig verteilen und weitere 20 Min. gehen lassen, danach goldgelb backen.
   Backzeit: 25 Min. bei 200 °C (175 °C Heißluft)

5. Das Puddingpulver mit der Milch und dem Zucker nach Packungsanweisung zubereiten. Die Butter in den heißen Pudding einrühren, die Masse in eine Schüssel geben, 5 Min. abkühlen lassen, mit Frischhaltefolie abdecken und auskühlen lassen.

6. Den Bienenstich in vier Rechtecke schneiden und jedes Rechteck einmal waagerecht teilen. Den ausgekühlten Pudding auf den Unterteilen verstreichen und die Oberteile darauf setzen, leicht andrücken und bis zum Servieren kühl stellen.

Tipp:
Frischhaltefolie direkt auf den Pudding legen, somit entsteht keine Haut.

Butterkuchen

Zutaten:

Hefeteig:
500 g Mehl
200 ml Milch
1 Würfel Hefe
60 g Zucker
1 Pck. Vanillezucker
½ TL Salz
100 g weiche Butter
1 Ei

Belag:
150 g Butter
60 g Zucker
200 g Mandelblättchen
125 ml Sahne

Zubereitung:

1. Das Mehl in eine Schüssel geben, in die Mitte eine Mulde drücken. Die Milch erwärmen, die Hefe darin auflösen und in die Mulde füllen. Den Zucker, den Vanillezucker, das Salz, die Butter und das Ei dazu geben und ca. 5 Min. mit den Knethaken verrühren. Den Teig abgedeckt ca. 60 Min. an einem warmen Ort gehen lassen.

2. Den Backofen vorheizen. Nach der Ruhezeit den Teig nochmals kräftig auf der bemehlten Arbeitsfläche durchkneten. Anschließend den Teig ausrollen und auf ein mit Backpapier ausgelegtes Backblech geben.

3. Für den Belag kleine Löcher mithilfe eines Kochlöffels in den Hefeteig drücken. Die Butter in kleine Flöckchen schneiden und in die Mulden geben. Den Teig mit Zucker und Mandeln bestreuen und backen.
Backzeit: 35 Min. bei 180 °C (160 °C Heißluft)

4. Den Kuchen noch in heißem Zustand mit der Sahne beträufeln und vollständig auskühlen lassen.

Crème-Brûlée-Kuchen

Zutaten:

Rührteig:
250 g weiche Butter
180 g Zucker
5 Eier
350 g Mehl
2 TL Backpulver
100 ml Milch

Pudding:
1 Vanilleschote
1 l Milch
80 g Zucker
100 g Speisestärke

Zum Verzieren:
400 g frische Beeren
120 g brauner Zucker

Tipp:
Der Kuchen schmeckt am besten frisch. Der Zucker kann auch mit einem Küchengasbrenner karamellisiert werden.

Zubereitung:

1. Die Butter und den Zucker schaumig rühren. Nach und nach die Eier unterrühren. Das Mehl und das Backpulver darüber sieben, zum Schluss die Milch hinzu geben und alles gut verrühren.

2. Den Teig auf ein mit Backpapier ausgelegtes Blech geben und backen.
Backzeit: ca. 20 bis 25 Min. bei 175 °C (150 °C Heißluft)

3. Die Vanilleschote der Länge nach halbieren und das Mark herauskratzen. 150 ml Milch mit der Stärke glatt rühren. Die restliche Milch mit dem Zucker, der Vanilleschote und dem -mark aufkochen und die Stärke einrühren. Ca. 1 Min. köcheln lassen und die Schote entfernen. Den Pudding 5 Min. abkühlen lassen, nochmals durchrühren, auf dem ausgekühlten Kuchen verteilen und ca. 3 Stunden kühl stellen.

4. Die Beeren waschen, die Stängel entfernen und nach Belieben klein schneiden. Den Backofen nochmals vorheizen.

5. Den Kuchen mit dem Zucker bestreuen und im Ofen karamellisieren.
Backzeit: ca. 10 Min. bei 200 °C Grillfunktion

6. Den Kuchen abkühlen lassen und mit den Beeren verzieren.

… marmorierter Teig
trifft auf saftige
Kirschen

Donauwelle

Zutaten:

Füllung:

2 Pck. Vanillepuddingpulver
50 g Zucker
1 l Milch
300 g Butter (Zimmertemperatur)

Rührteig:

1 Glas Sauerkirschen (Abtropfgewicht ca. 350 g)
250 g weiche Butter
1 Pck. Vanillezucker
200 g Zucker
6 Eier
350 g Mehl
1 EL Backpulver
5 EL Milch
1 EL Kakaopulver

Zum Verzieren:

250 g Zartbitterkuvertüre
25 g Kokosfett

Tipp:

Der Kuchen lässt sich am besten mit einem in heißes Wasser getauchten Messer schneiden.

Zubereitung:

1. Für die Füllung das Puddingpulver mit dem Zucker und 100 ml Milch glatt rühren. Die restliche Milch in einem Topf aufkochen, vom Herd ziehen, das Puddingpulver einrühren und 1 Min. köcheln lassen. Den Pudding in eine Schüssel geben und nach 5 Min. eine Frischhaltefolie direkt auf den Pudding legen, damit keine Haut entsteht. Den Pudding auf Zimmertemperatur abkühlen lassen.

2. Den Backofen vorheizen und die Kirschen in einem Sieb abtropfen lassen. Für den Teig die Butter, den Vanillezucker und den Zucker cremig rühren. Nach und nach die Eier unterrühren. Das Mehl und das Backpulver mischen und abwechselnd mit der Milch unterrühren.

3. Ein Backblech einfetten oder mit Backpapier auslegen und die Hälfte des Teigs darauf verteilen. Unter die andere Hälfte den Kakao rühren und auf dem hellen Teig verteilen. Zum Schluss die Kirschen auf den Teig verteilen und diese leicht andrücken. Anschließend backen.
   Backzeit: 20 Min. bei 170 °C (150 °C Heißluft)

4. Für die Füllung die Butter cremig aufschlagen. Den abgekühlten Pudding löffelweise unter die Butter rühren. Die Masse auf den abgekühlten Kuchen streichen und ca. 3 Std. kühlstellen.

5. Die Kuvertüre mit dem Kokosfett über dem heißen Wasserbad schmelzen und abkühlen lassen. Die lauwarme Schokolade auf den Kuchen streichen und mit einem Tortenkamm wellenartige Streifen durch die Schokolade ziehen. Bis zum Servieren kalt stellen.

Eierlikörkuchen

Zutaten:

Rührteig:
350 g weiche Butter
300 g Zucker
1 Pr. Salz
6 Eier
300 g Mehl
1 Pck. Backpulver
250 ml Eierlikör
100 g Schokoladenraspeln

Masse:
800 g Schlagsahne
3 Pck. Vanillezucker
4 Pck. Sahnesteif
200 g Schmand

Zum Verzieren:
etwas Eierlikör
100 g Schokoladenraspeln

Zubereitung:

1. Den Backofen vorheizen. Die Butter, den Zucker und das Salz schaumig rühren. Nach und nach die Eier unterrühren. Das Mehl mit dem Backpulver mischen und abwechselnd mit dem Eierlikör unterrühren. Zum Schluss die Schokoraspeln unterrühren und den Teig auf ein gefettetes oder mit Backpapier ausgelegtes Blech geben und backen.
   Backzeit: 30 Min. bei 180 °C (160 °C Heißluft)

2. Die Sahne mit dem Vanillezucker und dem Sahnesteif schlagen. Den Schmand vorsichtig unterheben. Die Masse auf dem ausgekühlten Kuchen verteilen und glattstreichen.

3. Mit Eierlikör und Schokoraspeln verzieren und bis zum Servieren kalt stellen.

Linzer Torte

Zutaten:

Mürbeteig:
400 g Mehl
400 g gemahlene Haselnüsse
50 g Kakaopulver
200 g Zucker
2 TL Zimt
400 g kalte Butter in Flöckchen
2 Eier

Füllung:
550 g Himbeerkonfitüre

Zum Verzieren:
1 Eigelb
1 EL Milch

Zubereitung:

1. Die Zutaten für den Mürbeteig in eine Schüssel geben und mit den Knethaken zu groben Streuseln verkneten. Anschließend mit den Händen zügig zu einem glatten Teig verkneten. Den Teig ca. 4 Std. kühl stellen.

2. Den Backofen vorheizen. 2/3 des Teiges auf ein gefettetes oder mit Backpapier ausgelegtes Blech geben und ausrollen.

3. Den übrigen Teig ca. 5 mm dick ausrollen und in ca. 1,5 cm lange Streifen schneiden.

4. Die Konfitüre in einem Topf leicht erhitzen und auf den Teig streichen. Die Teigstreifen gitterartig darauf legen. Das Eigelb und die Milch verquirlen und auf das Teiggitter streichen. Den Kuchen im Ofen backen.
Backzeit: 35 Min. bei 200 °C (180 °C Heißluft)

Nusskuchen

Zutaten:

Rührteig:
6 Eier
1 Pr. Salz
250 g weiche Butter
170 g Zucker
1 Pck. Vanillezucker
400 g Mehl
1 Pck. Backpulver
2 TL Zimt
200 ml Milch
200 g gemahlene Haselnüsse
100 g gehackte Haselnüsse

Guss:
150 g Puderzucker
2 TL Zimt
4–5 EL Wasser

Zubereitung:

1. Den Backofen vorheizen. Die Eier trennen. Das Eiweiß mit Salz zu Eischnee schlagen und beiseite stellen. Die Butter, den Zucker und den Vanillezucker cremig schlagen, nach und nach die Eigelbe hinzu geben. Anschließend das Mehl mit dem Backpulver und dem Zimt mischen und unterrühren. Die Milch nach und nach zugeben. Die Haselnüsse unterrühren und zum Schluss den Eischnee unterheben.

2. Den Teig auf ein gefettetes oder mit Backpapier ausgelegtes Blech geben und backen.
Backzeit: 25 Min. bei 200 °C (180 °C Heißluft)

3. Für den Guss Puderzucker, Zimt und Wasser anrühren, auf den noch leicht warmen Kuchen streichen und trocknen lassen.

Zimt

Schnell
und einfach

Quarkkuchen

Zutaten:

Rührteig:
250 g weiche Butter
160 g Zucker
1 TL Vanillepaste
4 Eier
500 g Mehl
1 Pck. Backpulver
100 g gemahlene Mandeln
300 ml Milch

Füllung:
500 g Speisequark
1 Ei
70 g Zucker
1 Pck. Vanillezucker
20 g Speisestärke
½ Pck. Vanillepuddingpulver

Zum Verzieren:
Puderzucker

Zubereitung:

1. Die Butter mit dem Zucker und der Vanillepaste schaumig rühren. Nach und nach die Eier unterrühren. Das Mehl mit dem Backpulver und den Mandeln mischen und abwechselnd mit der Milch unter die Butter-Zucker-Mischung rühren.

2. Den Teig auf ein gefettetes oder mit Backpapier ausgelegtes Blech geben. Den Backofen vorheizen.

3. Für die Füllung den Quark mit dem Ei, dem Zucker und dem Vanillezucker glattrühren. Die Stärke und das Puddingpulver hinzugeben und gut unterrühren. Die Masse in einen Spritzbeutel geben.

4. In eine Richtung diagonale Linien auf den Kuchen spritzen. Das Blech drehen und auch in die andere Richtung die Linien spritzen. Anschließend den Kuchen backen.
Backzeit: 30 Min. bei 180 °C (160 °C Heißluft)

5. Den abgekühlten Kuchen mit Puderzucker bestäuben.

Rüblikuchen

Zutaten:

Rührteig:
450 g Möhren
4 EL Zitronensaft
250 g weiche Butter
230 g Zucker
1 Pck. Vanillezucker
8 Eier
300 g Mehl
1 Pck. Backpulver
200 g gemahlene Mandeln
50 gehackte Haselnüsse

Zum Verzieren:
350 g Puderzucker
10–12 EL Zitronensaft
24 Marzipankarotten

Zubereitung:

1. Die Möhren waschen, schälen, fein raspeln, mit Zitronensaft beträufeln und vermischen. Den Backofen vorheizen.

2. Die Butter mit dem Zucker und dem Vanillezucker schaumig rühren. Nach und nach die Eier zugeben. Das Mehl, das Backpulver, die Mandeln und die Haselnüsse mischen und mit der Butter-Zucker-Masse verrühren. Zum Schluss die geraspelten Möhren unterheben. Den Teig auf ein gefettetes oder mit Backpapier ausgelegtes Blech geben und backen.
   Backzeit: 35 Min. bei 180 °C (160 °C Heißluft)

3. Den Puderzucker mit dem Zitronensaft zu einem glatten Guss verrühren und auf den ausgekühlten Kuchen streichen. Mit den Marzipankarotten dekorieren und trocknen lassen.

... schmeckt immer

Russischer Zupfkuchen

Zutaten:

Mürbeteig:
250 g weiche Butter
150 g Zucker
2 Eier
460 g Mehl
2 TL Backpulver
50 g Kakao

Füllung:
200 ml Sahne
250 g Butter
4 Eier
170 g Zucker
1 kg Quark
2 Pck. Vanillepuddingpulver
2 EL Zitronensaft

Zubereitung:

1. Die Butter mit dem Zucker schaumig rühren. Nach und nach die Eier unterrühren. Das Mehl mit dem Backpulver und dem Kakao mischen und unter die Butter-Zucker-Mischung kneten. Den Teig 20 Min. kühl stellen.

2. Den Backofen vorheizen. 2/3 des Teiges auf ein gefettetes oder mit Backpapier ausgelegtes Blech geben und ausrollen.

3. Für die Füllung die Sahne steif schlagen und kühl stellen. Die Butter schmelzen und leicht abkühlen lassen. Die Eier mit dem Zucker schaumig rühren. Den Quark, das Puddingpulver und den Zitronensaft abwechselnd mit der flüssigen Butter hinzugeben und vorsichtig unterrühren. Zum Schluss die Sahne unterziehen.

4. Die Masse auf dem Teig verteilen und den restlichen Mürbeteig ausrollen, Herzchen oder andere Motive ausstechen, auf dem Kuchen verteilen und backen.
Backzeit: 40 Min. auf 180 °C (160 °C Heißluft)

Schwarzwälder Kirschtorte

Zutaten:

Biskuitteig:
6 Eier
170 g Zucker
200 g Mehl
40 g Speisestärke
50 g Kakaopulver
2 TL Backpulver

Füllung:
50 ml Kirschwasser
2 Gläser Kirschen (à 350 g Abtropfgewicht)
3 EL Speisestärke
1 l Sahne
2 EL Zucker
4 Pck. Sahnesteif

Zum Verzieren:
100 g Schokoladenraspeln

Zubereitung:

1. Den Backofen vorheizen. Die Eier mit dem Zucker ca. 5 Min. zu einer dickflüssigen Masse aufschlagen. Das Mehl, die Stärke, den Kakao und das Backpulver mischen, vorsichtig über die Eiermasse sieben und langsam unterheben.

2. Den Teig auf ein gefettetes oder mit Backpapier ausgelegtes Blech geben und backen.
Backzeit: 25 Min. bei 180 °C (160 °C Heißluft)

3. Den Boden vollständig auskühlen lassen und dann mit dem Kirschwasser tränken. Die Kirschen in einem Sieb abtropfen lassen und den Saft auffangen.

4. Den Kirschsaft in einen Topf geben, eine kleine Menge beiseitestellen und mit der Stärke verrühren. Die Stärke-Mischung zurück in den Topf geben und den Kirschsaft erhitzen. So lange köcheln lassen, bis die Flüssigkeit andickt. Immer wieder mal umrühren.

5. Ca. 30 Kirschen beiseitestellen, den Rest zu der angedickten Flüssigkeit geben und kurz unterrühren. Die Masse auf den Boden geben, glattstreichen und vollständig auskühlen lassen.

6. Die Sahne mit dem Zucker und dem Sahnesteif steif schlagen. Etwas Sahne für die Deko beiseitestellen, den Rest auf die Kirschmasse geben und glatt streichen.

7. Die Schokoraspeln auf der Sahne verteilen. Die beiseite gestellte Sahne in einen Spritzbeutel füllen und Sahnetupfer auf den Kuchen aufspritzen. Mit den Kirschen verzieren. Bis zum Servieren kühlen.

Fruchtig-leicht

Blechkuchen-Rezepte mit Obst können Sie je nach Saison wunderbar variieren. Im Herbst eignen sich Äpfel für einen Obstkuchen vom Blech, im Sommer machen Erdbeeren, Blaubeeren oder Rhabarber Ihren Blechkuchen fruchtig-frisch.

Apfel-Zimt-Kuchen

Zutaten:

Rührteig:
250 g Butter
170 g Zucker
3 Eier
300 g Mehl
2 TL Backpulver
125 ml Milch

Zum Bestreuen:
100 g gemahlene Haselnüsse
30 g Zucker
2 TL Zimt

Füllung:
1 kg Äpfel
1 EL Rum
1 EL Zitronensaft
1 EL Zucker
1 Pck. Vanillepuddingpulver
4 EL Wasser
600 ml Sahne
1 Pck. Vanillezucker

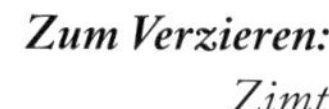

Zum Verzieren:
Zimt

Zubereitung:

1. Den Backofen vorheizen. Die Butter mit dem Zucker und den Eiern schaumig rühren. Das Mehl und das Backpulver mischen und zu der Masse sieben. Die Milch langsam einfließen lassen und alles nochmals gut verrühren.

2. Zwei Backbleche mit Backpapier auslegen und den Teig zu gleichen Teilen darauf verteilen.

3. Die Nüsse, den Zucker und den Zimt mischen und gleichmäßig auf den Teigplatten verteilen. Anschließend backen.
   Backzeit: 20 Min. bei 180 °C (160 °C Heißluft)

4. Die Äpfel schälen, entkernen und in kleine Stücke schneiden. Zusammen mit dem Rum, dem Zitronensaft und dem Zucker in einem Topf andünsten. Das Vanillepuddingpulver mit Wasser anrühren und in die weichgekochte Apfelmasse einrühren. Die Masse nochmals kurz aufkochen und auskühlen lassen.

5. Die Sahne mit dem Vanillezucker steif schlagen und kühl stellen.

6. Das Backpapier von den beiden Teigplatten entfernen. Ein Backblech mit einem neuen Stück Backpapier belegen und die erste Teigplatte darauflegen, die Nüsse sollten oben liegen. Die abgekühlte Apfelmasse auf die Teigplatte streichen.

7. Die Hälfte der Sahne auf die Apfelmasse streichen und vorsichtig die zweite Teigplatte darauflegen. Die restliche Sahne auf dem Kuchen verteilen kühl stellen. Kurz vor dem Servieren mit Zimt bestäuben.

... Frühlingskuchen
für die Kaffeetafel

Bienen-Blechkuchen

Zutaten:

Biskuit:
250 g Sahne
150 g Zucker
3 Eier
125 g weiche Butter
390 g Mehl
1 Pck. Backpulver
5 EL Milch

Füllung:
250 g Sahne
7 Blatt Gelatine
250 g Quark
500 g Naturjoghurt
120 g Puderzucker
2 EL Zitronensaft
3 EL Aprikosensaft (aufgefangen von den Dosen-Aprikosen)

Fruchtgelee:
1 Dose Aprikosen (à 480 g)
2 Pck. heller Tortenguss

Zum Verzieren:
50 g Zartbitterschokolade
20 g weiße Schokolade
1 Dose Aprikosen (à 480 g)
Mandelblättchen

Zubereitung:

1. Die Sahne steif schlagen und kühl stellen. Den Zucker und die Eier schaumig schlagen. Danach langsam die weiche Butter einrühren. Mehl und Backpulver mischen, sieben und vorsichtig unterrühren. Die Milch dazugeben und alles nochmals kurz verrühren. Die Sahne unterziehen.
2. Den Backofen vorheizen. Ein Backblech mit Backpapier auslegen, den Teig glatt auf das Blech streichen und backen.
   Backzeit: 20 Min. bei 180 °C (160 °C Heißluft)
3. Für die Füllung die Sahne steif schlagen und kühl stellen. Die Gelatine in kaltem Wasser einweichen. Quark mit Joghurt, Puderzucker, Zitronensaft und Aprikosensaft verrühren.
4. Die Gelatine in einem Topf bei niedriger Temperatur schmelzen und vom Herd nehmen. 4 EL der Joghurtmasse zu der Gelatine geben und gut verrühren. Danach unter die restliche Joghurtmasse rühren. Zum Schluss die Sahne unterziehen, die Masse auf dem ausgekühlten Boden verteilen und 2 Std. kühl stellen.
5. Für das Gelee die Dosenaprikosen mit dem Saft pürieren. Das Püree in einem Topf langsam erhitzen. Den Tortenguss mit 4 EL Wasser vermischen und zu dem Püree geben. Die Flüssigkeit kurz aufkochen, vom Herd nehmen und abkühlen lassen.
6. Das Gelee auf den Kuchen gießen und 2 Std. kühlstellen.
7. Für die Dekoration jeweils die Zartbitterschokolade und die weiße Schokolade über dem heißen Wasserbad schmelzen. Die Aprikosen abtropfen lassen mit einem Tuch trocken tupfen und auf ein Backpapier legen. Die Aprikosen mit der Schokolade und den Mandelblättchen verzieren und bis zum Servieren kühl stellen.
8. Kurz vor dem Servieren auf den Kuchen setzen.

Birnen-Gitterkuchen

Zutaten:

Füllung:
1 kg Birnen
2 Pck. Vanillepuddingpulver
1 Pck. Vanillezucker
750 ml Birnensaft
65 g Zucker
2 EL Zitronensaft
3 EL Rum
50 g gehackte Mandeln

Quark-Öl-Teig:
500 g Speisequark
1 Ei
50 ml Milch
50 ml Öl
100 g Zucker
1 Pck. Vanillezucker
500 g Mehl
1 Pck. Backpulver

Zum Verzieren:
1 Eigelb
1 EL Sahne
50 g gehackte Mandeln

Zubereitung:

1. Die Birnen waschen, schälen, entkernen und in kleine Stücke schneiden. Das Puddingpulver mit dem Vanillezucker und 100 ml Birnensaft glattrühren. Den restlichen Birnensaft mit dem Zucker, dem Zitronensaft und den Birnenwürfeln aufkochen, etwa 10 Min. köcheln lassen. Den Rum hinzugeben, das angerührte Puddingpulver unterrühren und nochmals kurz aufkochen. Zum Schluss die gehackten Mandeln unterheben.

2. Für den Teig den Quark, das Ei, die Milch, das Öl, den Zucker und den Vanillezucker verrühren. Das Mehl mit dem Backpulver mischen und unterkneten. Den Backofen vorheizen.

3. Zwei Drittel des Teiges auf ein gefettetes oder mit Backpapier ausgelegtes Blech geben und die Birnenmasse gleichmäßig darauf verteilen. Den restlichen Teig auf der bemehlten Arbeitsfläche ausrollen, in verschieden lange Streifen schneiden und als Gitter über den Kuchen legen.

4. Das Eigelb mit der Sahne verquirlen, das Gitter damit bestreichen und mit den Mandeln bestreuen. Anschließend backen.
Backzeit: 30 Min. bei 175 °C (155 °C Heißluft)

Tipp:
Wem der Teig nicht rosa genug ist, kann mit der Lebensmittelfarbe noch etwas nachfärben.

Erdbeer-Blechkuchen

Zutaten:

Rührteig:
350 g Erdbeeren
300 g weiche Butter
170 g Zucker
1 Pck. Vanillezucker
5 Eier
380 g Mehl
1 Pck. Backpulver
1 Pr. Salz
2 EL Zitronensaft
rote Lebensmittelfarbe (nach Belieben)

Frosting:
400 g Doppelrahmfrischkäse
70 g Puderzucker
400 g Schlagsahne
1 Pck. Sahnesteif
2 Pck. Vanillezucker

Zubereitung:

1. Die Erdbeeren waschen und den Strunk entfernen. Die Erdbeeren fein pürieren und durch ein Sieb streichen. Den Backofen vorheizen.

2. Für den Teig die Butter mit dem Zucker und dem Vanillezucker schaumig schlagen. Nach und nach die Eier hinzugeben und gut unterrühren.

3. Das Mehl mit dem Backpulver und dem Salz vermischen und abwechselnd mit dem Erdbeerpüree und dem Zitronensaft unter die Butter-Zucker-Mischung rühren. Nach Belieben mit der Lebensmittelfarbe einfärben.

4. Den Teig auf ein gefettetes oder mit Backpapier ausgelegtes Blech geben, gleichmäßig darauf verteilen und backen.
Backzeit: ca. 20 bis 25 Min. bei 170 °C (150 °C Heißluft)

5. Nach dem Backen wird der Kuchen während des Abkühlens mit Alufolie abgedeckt, so bleibt dieser schön saftig.

6. Für das Frosting den Frischkäse mit dem Puderzucker verrühren. Die Sahne mit dem Sahnesteif und dem Vanillezucker steif schlagen.

7. Die Sahne vorsichtig unter die Frischkäsemasse heben und das Frosting gleichmäßig auf dem ausgekühlten Kuchen verteilen.

Erdbeer-Pudding-Blechkuchen

Zutaten:

Rührteig:
300 g weiche Butter
180 g Zucker
1 Pck. Vanillezucker
1 Pr. Salz
5 Eier
250 g Dinkelmehl (Type 630)
3 TL Backpulver
50 ml Milch

Creme:
850 ml Milch
2 Pck. Vanillepuddingpulver
60 g Zucker

Zum Verzieren:
1 kg Erdbeeren
1 Pck. Tortenguss, klar
1 EL Zucker
250 ml Wasser

Zubereitung:

1. Den Backofen vorheizen. Für den Teig die Butter mit dem Zucker, dem Vanillezucker und dem Salz schaumig schlagen. Nach und nach die Eier hinzugeben und gut unterrühren.

2. Das Mehl mit dem Backpulver mischen und abwechselnd mit der Milch unterrühren.

3. Den Teig auf ein gefettetes oder mit Backpapier ausgelegtes Blech geben, gleichmäßig darauf verteilen und backen.
Backzeit: ca. 20 bis 25 Min. bei 180 °C (160 °C Heißluft)

4. In der Zwischenzeit 800 ml Milch in einem Topf erwärmen. Puddingpulver mit der restlichen Milch und dem Zucker glattrühren, in die kochende Milch einrühren und 1 Min. köcheln lassen. Den Pudding in eine Schüssel geben, 5 Min. auskühlen lassen. Danach direkt auf den Pudding eine Frischhaltefolie legen, damit keine Haut entsteht. Den Pudding abkühlen lassen.

5. Die Erdbeeren waschen, trocken tupfen und das Grün entfernen. Die Früchte halbieren. Den abgekühlten Pudding auf den Kuchenboden geben und glattstreichen. Den Kuchen mit den Erdbeeren belegen.

6. Den Tortenguss nach Packungsangabe mit Zucker und Wasser verrühren und in einem Topf zum Kochen bringen. Kurz abkühlen lassen und mit einem Löffel auf dem Kuchen verteilen. Den Kuchen ca. 30 Min. beiseitestellen, bis der Guss fest geworden ist.

… so schmeckt
der Sommer

Fruchtiger Joghurtkuchen

Zutaten:

Rührteig:
300 g Mehl
160 g Speisestärke
1 Pck. Backpulver
4 Eier
170 g Zucker
1 Pck. Vanillezucker
300 g Naturjoghurt
250 ml neutrales Öl
250 g frische Erdbeeren
250 g frische Heidelbeeren
125 g frische Himbeeren

Zubereitung:

1. Das Mehl mit der Stärke und dem Backpulver mischen und durch ein feines Sieb sieben.

2. Die Eier mit dem Zucker und dem Vanillezucker ca. 10 Min. hell schaumig aufschlagen. Vorsichtig den Joghurt und das Öl untermischen. Zum Schluss kurz die Mehlmischung unterheben.

3. Ein Backblech mit Backpapier auslegen und den Backofen vorheizen. Den Teig auf das Blech streichen.

4. Die Erdbeeren, die Heidelbeeren und die Himbeeren waschen. Bei den Erdbeeren den Strunk entfernen und in kleine Stücke schneiden. Die Heidelbeeren und Erdbeeren auf dem Teig verteilen, leicht andrücken und backen.
   Backzeit: 10 Min. bei 180 °C (160 °C Heißluft)

5. Nach dieser Backzeit werden erst die Himbeeren auf dem Kuchen verteilt, danach wird der Kuchen fertig gebacken.
   Backzeit: 25 Min. bei 180 °C (160 °C Heißluft)

Tipp:

Die Himbeeren kommen etwas später auf den Kuchen, damit diese nicht zu stark zerfallen.

... schmeckt am besten frisch!

Gedeckter Apfelkuchen

Zutaten:

Mürbeteig:
300 g weiche Butter
150 g Zucker
1 Pck. Vanillezucker
3 Eier
400 g Weizenmehl
200 g Dinkelmehl (Type 630)
1 Pr. Salz
1 Pck. Backpulver

Füllung:
1 kg ungesüßtes Apfelmus
2 TL Zimt

Guss:
300 g Puderzucker
6 bis 7 EL Zitronensaft

Zubereitung:

1. Aus der Butter, dem Zucker, dem Vanillezucker, den Eiern, dem Mehl, dem Salz und dem Backpulver einen Mürbeteig herstellen. Den Teig in Frischhaltefolie einwickeln und ca. 50 Min. kühl stellen.

2. Ein Backblech mit Backpapier auslegen oder einfetten und den Backofen vorheizen. Den Teig halbieren und eine Hälfte zu einem großen Rechteck ausrollen. Den Teig auf das Blech legen und einen ca. 1 cm hohen Rand hochziehen. Das Apfelmus mit dem Zimt mischen, darauf verteilen und glatt streichen.

3. Die zweite Hälfte des Teiges halbieren und in zwei Rechtecke ausrollen; nebeneinander auf das Apfelmus legen; mit einer Gabel vorsichtig einstechen und backen.
Backzeit: ca. 25 bis 30 Min. bei 180 °C (160 °C Heißluft)

4. Für den Guss den Puderzucker und den Zitronensaft anrühren, auf dem ausgekühlten Kuchen gleichmäßig verteilen und mit einem Pinsel glattstreichen. Den Guss fest werden lassen und den Kuchen dann in gleich große Stücke schneiden.

Eine Schicht Mürbeteig,
bedeckt mit saftigem
Apfelmus.

Heidelbeer-Baiser-Blechkuchen

Zutaten:

Rührteig:
200 g Marzipanrohmasse
375 g weiche Butter
100g Zucker
2 TL Vanillepaste
6 Eier
375 g Mehl
1 Pck. Backpulver
4 EL Milch

Füllung:
250 g Heidelbeeren
450 g Heidelbeerkonfitüre
55 g Speisestärke

Baiser:
5 Eiweiß
140 g Zucker
1 Pck. Vanillezucker

Zubereitung:

1. Die Marzipanrohmasse mit der Butter, dem Zucker und der Vanillepaste cremig rühren. Nach und nach die Eier unterrühren. Das Mehl mit dem Backpulver mischen und abwechselnd mit der Milch unterrühren.

2. Ein Backblech mit Backpapier auslegen und den Backofen vorheizen. Den Teig auf das Blech streichen.

3. Die Heidelbeeren waschen und mit der Konfitüre in einem Topf ca. 10 Min. einkochen. Die Stärke in etwas kaltes Wasser einrühren und zu den Heidelbeeren geben. Kurz aufkochen lassen, bis eine zähflüssige Masse entstanden ist. Diese auf dem Teig verteilen und backen.
Backzeit: 15 Min. bei 200 °C (175 °C Heißluft)

4. Währenddessen das Eiweiß steif schlagen, den Zucker und den Vanillezucker einrieseln lassen. Den Kuchen aus dem Ofen nehmen, das Baiser darauf verstreichen und nochmals backen.
Backzeit: 15 Min. bei 200 °C (175 °C Heißluft)

Tipp:

Den Kuchen erst kurz vor dem Servieren schneiden, da ansonsten das Baiser die bläuliche Farbe von den Heidelbeeren annimmt.

Johannisbeer-Aprikosen-Kuchen

Zutaten:

Füllung:
800 g frische Aprikosen
500 g Johannisbeeren

Quark-Öl-Teig:
500 g Mehl
1 Pck. Backpulver
110 g Zucker
1 Pck. Vanillezucker
100 ml Milch
150 ml Öl
1 Ei
250 g Quark

Zum Verzieren:
50 g Butter
100 g gehackte Pistazien

Zubereitung:

1. Die Aprikosen waschen, putzen, entsteinen und in kleine Stücke schneiden. Die Johannesbeeren waschen und von den Rispen entfernen.

2. Für den Teig das Mehl, das Backpulver, den Zucker und den Vanillezucker vermischen. Die Milch, das Öl, das Ei und den Quark hinzugeben und mit dem Knethacken zu einem glatten Teig verkneten. Den Backofen vorheizen.

3. Den Teig auf ein gefettetes oder mit Backpapier ausgelegtes Blech geben und ausrollen.

4. Die Butter in Flöckchen auf dem Teig verteilen. Die Aprikosen und die Johannisbeeren auf dem Kuchen verteilen und backen.
   Backzeit: ca. 30 bis 35 Min. bei 200 °C (175 °C Heißluft)

5. Den ausgekühlten Kuchen in Stücke schneiden und mit den Pistazien verzieren.

Käsekuchen

Zutaten:

Mürbeteig:
300 g Mehl
200 g Butter
70 g Zucker
1 Pck. Vanillezucker
1 Ei

Masse:
200 g Sahne
7 Eier
220 g Zucker
1 Pck. Vanillezucker
1 Pr. Salz
1,5 kg Quark
2 Pck. Vanillepuddingpulver
1 EL Zitronensaft

Zum Verzieren:
50 ml Holdersaft
½ TL Speisestärke

Zubereitung:

1. Aus dem Mehl, der Butter, dem Zucker, dem Vanillezucker und dem Ei einen Mürbeteig herstellen, in Frischhaltefolie wickeln und ca. 30 Min. kalt stellen.

2. Die Sahne steif schlagen und kühl stellen. Die Eier mit dem Zucker, dem Vanillezucker und dem Salz schaumig rühren. Den Quark, das Puddingpulver und den Zitronensaft unterrühren. Zum Schluss die Sahne unterheben und nochmals kühl stellen. Den Ofen vorheizen.

3. Den Holdersaft aufkochen, die Stärke mit 2 bis 3 EL Saft glatt rühren und zu dem Holdersaft geben. Das Ganze nochmals aufkochen und abkühlen lassen.

4. Den Mürbeteig auf der bemehlten Arbeitsfläche ausrollen und auf ein gefettetes oder mit Backpapier ausgelegtes Backblech geben. Die Käse-Masse auf den Teig geben und die Holdersoße tröpfchenweise auf der Masse verteilen. Die Masse mit einem Holzspieß marmorieren. Den Kuchen backen.
Backzeit: 50 Min. bei 170 °C (150 °C Heißluft)

5. Den Kuchen auf einem Kuchengitter auskühlen lassen.

Limokuchen

Zutaten:

Rührteig:

4 Eier
220 g Zucker
1 Pck. Vanillezucker
125 ml Speiseöl
150 Orangenlimonade
250 g Mehl
3 TL Backpulver

Belag:

2 Dosen Pfirsiche (ca. 470 g)
600 ml Sahne
3 Pck. Sahnesteif
4 Pck. Vanillezucker
500 g Schmand

Zubereitung:

1. Den Backofen vorheizen. Die Eier mit dem Zucker und dem Vanillezucker schaumig schlagen. Langsam das Öl und die Limo unterrühren. Das Mehl und das Backpulver mischen, sieben und langsam unter die Masse rühren. Ein Backblech mit Backpapier auslegen, den Teig darauf verteilen und backen.
   Backzeit: 30 Min. bei 180 °C (160 °C Heißluft)
2. Die Pfirsiche abtropfen lassen und in kleine Stücke schneiden. Die Sahne mit Sahnesteif und 3 Pck. Vanillezucker steif schlagen.
3. Den Schmand mit dem restlichen Vanillezucker verrühren und ¾ der Pfirsichstückchen unterrühren. Die Sahne locker unterheben. Die Masse gleichmäßig auf den ausgekühlten Kuchen streichen und die restlichen Pfirsiche auf der Sahne verteilen. Bis zum Servieren kaltstellen.

STILSICHER UND SCHÖN ZUHAUSE

Ganz nach dem Motto „Von schönen Dingen kann man nie genug bekommen" findet man bei aha..! Schwaderer in Memmingen auf zwei Etagen alles rund ums Kochen, Backen und Genießen.

Tolle Ideen und Anregungen zeigen, wie Ihr Tisch zuhause zu etwas ganz Besonderem wird. Erstklassige Marken wie z. B. Rosenthal, Bitz, PIP, PAD, iittala, Eva Solo und Alessi stehen für ein einzigartiges Interior-Design zur Verfügung.

Das Backparadies in der unteren Etage des Geschäfts bietet alles, was das Bäckerherz begehrt: von Lebkuchenmühlen und Gebäckpressen über Rührmaschinen von hochkarätigen Herstellern wie KitchenAid und, ganz neu die schwedische Marke, Ankarsrum bis hin zu zahlreichen Plätzchen-Ausstechern.

Auf Qualität legt Inhaberin Constanze Schwaderer besonders Wert. Nicht nur deshalb sind viele der Artikel „Made in Germany". Lassen Sie sich verzaubern von zeitgerechten, dekorierten tollen Trends und einem Angebot, das nicht nur die Augen erfreuen lässt, sondern auch den Magen.

Öffnungszeiten: Montag bis Freitag 09:30 – 18:00 Uhr • Samstag 09:30 – 16:00 Uhr

… jetzt wird genascht

Obstkuchen

Zutaten:

Biskuitteig:
6 Eier
4 EL Wasser
120 g Zucker
220 g Mehl
2 TL Backpulver

Belag:
800 g frisches Obst oder aus der Dose

Creme:
200 g Sahne
1 EL Zucker
1 Pck. Sahnesteif
250 g Quark
500 g Doppelrahmfrischkäse
70 g Puderzucker
2 EL Zitronensaft

Zubereitung:

1. Den Backofen vorheizen. Für den Biskuit die Eier mit dem Wasser auf höchster Stufe ca. 7 bis 8 Min. hell-schaumig schlagen und dabei den Zucker langsam einrieseln lassen.

2. Das Mehl und das Backpulver mischen und auf die Schaummasse sieben und vorsichtig unterheben.

3. Den Teig auf ein gefettetes oder mit Backpapier ausgelegtes Blech geben, glatt streichen und backen.
Backzeit: 13 Min. bei 180 °C (160 °C Heißluft)

4. Den Kuchen aus dem Ofen nehmen und ganz auskühlen lassen. Für den Belag das Obst waschen, putzen und nach Bedarf klein schneiden. Das Dosenobst abtropfen lassen.

5. Für die Creme die Sahne mit dem Zucker und dem Sahnesteif steif schlagen. Den Quark und den Frischkäse mit dem Puderzucker und dem Zitronensaft verrühren. Die Sahne vorsichtig unterheben.

6. Die Creme auf dem abgekühlten Biskuit verteilen und glatt streichen. Mit einem Messer die Quadrate auf dem Kuchen vorzeichnen.

7. Die Früchte beliebig auf dem Kuchen verteilen, als Patchwork- oder Schachbrettmuster. Den Kuchen ca. 1 Std. kühl stellen, in quadratische Stücke schneiden und servieren.

... Kuchenglück
mit Gelinggarantie

Rhabarberkuchen

Zutaten:

Belag:
5 dünne Stangen Rhabarber

Rührteig:
250 g weiche Butter
150 g Zucker
4 Eier
400 g Mehl
2 TL Backpulver
150 ml Milch

Streusel:
125 g Butter
125 g Mehl
70 g Zucker
80 g gemahlene Mandeln

Zum Verzieren:
Puderzucker

Zubereitung:

1. Den Rhabarber waschen, putzen und in kleine Stücke schneiden.

2. Die Butter mit dem Zucker schaumig rühren. Nach und nach die Eier unterrühren. Das Mehl und das Backpulver mischen und abwechselnd mit der Milch hinzugeben.

3. Ein Backblech mit Backpapier auslegen und den Backofen vorheizen. Den Teig auf das Blech streichen und den Rhabarber darauf verteilen.

4. Für die Streusel die Butter schmelzen, leicht abkühlen lassen und die restlichen Zutaten unterrühren. Die Streusel auf dem Kuchen verteilen und backen.
Backzeit: 45 Min. bei 175 °C (150 °C Heißluft)

5. Den Kuchen auskühlen lassen und nach Belieben mit Puderzucker bestäuben.

Spekulatius-Kuchen

Zutaten:

Biskuitteig:
3 Eier
100 g Zucker
1 Pck. Vanillezucker
120 g Mehl

Füllung:
1 kg Äpfel
4 EL Zitronensaft
250 ml Apfelsaft
½ Pck. Vanillepuddingpulver
50 g Zucker
1 Pr. Spekulatiusgewürz

Creme:
200 g Sahne
3 Blatt Gelatine
250 g Quark
125 g Naturjoghurt
100 g Schmand
65 g Zucker
1 EL Zitronensaft
1 TL Vanillepaste

Zum Verzieren:
24 Spekulatiuskekse

Zubereitung:

1. Den Backofen vorheizen und ein Backblech mit Backpapier belegen.
2. Eier mit dem Zucker und dem Vanillezucker ca. 5 Min. sehr schaumig schlagen. Das Mehl sieben und vorsichtig unter die Masse heben. Den Teig dünn auf das Backblech streichen und backen. **Backzeit: ca. 15 Min. auf 180 °C (160 °C Heißluft)**
3. Für die Füllung die Äpfel waschen, schälen, in kleine Stücke schneiden und mit dem Zitronensaft vermischen.
4. Etwas Apfelsaft beiseite stellen und den Rest in einem Topf zum Kochen bringen. Das Puddingpulver mit dem Zucker, dem Spekulatiusgewürz und dem restlichen Apfelsaft anrühren. Sobald der Apfelsaft kocht, die Mischung hinzugeben und unter ständigem Rühren aufkochen.
5. Die Apfelstücke in die Puddingmischung geben und für 10 Min. auf kleinster Stufe abgedeckt köcheln lassen. Immer wieder umrühren.
6. Die Masse im noch heißen Zustand auf dem Kuchen verteilen und für mindestens 1 Std. kühl stellen.
7. Für die Creme die Sahne steif schlagen und kühlstellen. Die Gelatine-Blätter in kaltem Wasser einweichen. Den Quark mit dem Joghurt, dem Schmand, dem Zucker, dem Zitronensaft und der Vanillepaste verrühren. Gelatine ausdrücken und in einem Topf langsam auflösen. Den Topf vom Herd nehmen und löffelweise etwas Creme zur Gelatine geben. Die Gelatine-Mischung zu der restlichen Creme zurückgeben und gut verrühren. Die Creme ca. 10 Min. kühlstellen.
8. Zum Schluss die Sahne unterheben und die Creme auf der ausgekühlten Apfelmasse verteilen und nochmals 2,5 Std. kaltstellen.
9. Die Spekulatiuskekse auf dem Kuchen verteilen und in rechteckige Stücke schneiden.

Spiegelei-Kuchen

Zutaten:

Rührteig:
250 g weiche Butter
150 g Zucker
5 Eier
280 g Mehl
1 EL Backpulver

Füllung:
2 Pck. Vanillepuddingpulver
110 g Zucker
800 ml Milch
500 g Speisequark
1 TL Vanillepaste

Zum Verzieren:
1 Dose Aprikosen
(Abtropfgewicht ca. 480 g)
2 Pck. klarer Tortenguss
4 EL Zucker
500 ml Wasser
gehackte Pistazien

Zubereitung:

1. Den Backofen vorheizen.
Die Butter mit dem Zucker schaumig rühren. Nach und nach die Eier unterrühren. Das Mehl mit dem Backpulver mischen und unter die Butter-Zucker-Mischung rühren.

2. Den Teig auf ein gefettetes oder mit Backpapier ausgelegtes Blech geben und backen.
Backzeit: 20 Min. bei 180 °C (160 °C Heißluft)

3. Für die Füllung das Puddingpulver mit dem Zucker und 50 ml Milch verrühren. Die restliche Milch in einem Topf zum Kochen bringen. Das Puddingpulver einrühren und bei niedriger Hitze 3 Min. köcheln lassen, dabei immer wieder umrühren. Den heißen Pudding in eine Schüssel geben, kurz abkühlen lassen, Frischhaltefolie direkt auf den Pudding legen, damit keine Haut entsteht und etwas auskühlen lassen.

4. Den Quark und die Vanillepaste unter den noch warmen Pudding rühren und die Creme auf dem ausgekühlten Kuchen verteilen und glattstreichen. Ca. 1,5 Std. kühl stellen.

5. Die Aprikosen in einem Sieb abtropfen lassen. Die Aprikosenhälften mit der Wölbung nach oben gleichmäßig auf dem Kuchen verteilen. Den Tortenguss nach Packungsanweisung mit dem Zucker und dem Wasser in einem Topf zum Kochen bringen, etwas abkühlen lassen und mit einem Löffel vorsichtig auf dem Kuchen verteilen.

6. Den Kuchen nochmals 30 Min. kühl stellen, bis der Guss etwas fest geworden ist. Nach Belieben mit Pistazien verzieren.

... der Osterklassiker

Träubleskuchen
(Johannisbeer-Baiser-Kuchen)

Zutaten:

Mürbeteig:
300 g Mehl
200 g Butter
1 Pr. Salz
70 g Zucker
4 Eigelb

Belag:
250 g gemahlene Mandeln
1 kg Johannisbeeren
6 Eiweiß
170 g Zucker

Zubereitung:

1. Aus dem Mehl, der Butter, dem Salz, dem Zucker und dem Eigelb einen Mürbeteig herstellen. In Folie wickeln und ca. 30 Min. kaltstellen.

2. Ein Backblech mit Backpapier auslegen und den Backofen vorheizen. Den Teig ausrollen, auf das Blech legen und mit einer Gabel einstechen. Im Ofen backen.
   Backzeit: 15 Min. bei 200 °C (170 °C Heißluft)

3. Den vorgebackenen Kuchen mit der Hälfte der Mandeln bestreuen. Die Johannisbeeren waschen und von den Rispen entfernen.

4. Das Eiweiß zu Schnee schlagen und dabei den Zucker langsam einrieseln lassen. Die restlichen Mandeln vorsichtig unterheben. Den Eischnee mit den Johannisbeeren mischen und auf dem Mürbeteigboden verteilen. Den Kuchen nochmals backen.
   Backzeit: ca. 30 bis 35 Min. bei 200 °C (175 °C Heißluft)

5. Den Kuchen auskühlen lassen.

Zitronenkuchen

Zutaten:

Rührteig:
350 g Butter
300 g Zucker
1 Pck. Vanillezucker
6 Eier
350 g Mehl
1 Pck. Backpulver
1 Zitrone

Guss:
300 g Puderzucker
Saft 1/2 Zitrone
Zitronenmelisse

Zubereitung:

1. Die Butter mit dem Zucker und dem Vanillezucker schaumig rühren. Nach und nach die Eier unterrühren. Das Mehl mit dem Backpulver mischen und unter die Butter-Zucker-Mischung rühren. Den Backofen vorheizen.

2. Die Zitrone heiß waschen, die Schale abreiben und die Zitrone auspressen. Den Abrieb und den Zitronensaft unter den Teig mischen. Den Teig auf ein gefettetes oder mit Backpapier ausgelegtes Blech geben und backen.
Backzeit: 20 Min. bei 170 °C (150 °C Heißluft)

3. Den Puderzucker mit dem Zitronensaft mischen und auf den ausgekühlten Kuchen streichen. Nach Belieben mit Zitronenmelisse verzieren.

Zwetschgendatschi

Zutaten:

Hefeteig:
150 ml Milch
100 g Butter
1 Würfel Hefe (42 g)
500 g Mehl
70 g Zucker
1 Pr. Salz
2 Eier

Belag:
ca. 1,5 kg Zwetschgen

Streusel:
160 g Butter
250 g Mehl
150 g Zucker

Tipp:

Sollten die Zwetschgen noch etwas sauer sein, einfach mit etwas Zimt und Zucker bestreuen und dann die Streusel darüber geben.

Zubereitung:

1. Für den Teig die Milch mit der Butter leicht erwärmen und die Hefe darin auflösen. Die restlichen Zutaten für den Hefeteig in einer Schüssel vermischen und die Milch-Butter-Hefe-Mischung mit den Knethaken 5 Min. unterkneten. Den Teig in einer Schüssel zugedeckt an einem warmen Ort ca. 50 Min. gehen lassen.

2. Die Zwetschgen waschen, entsteinen und vierteln.

3. Für die Streusel die Butter schmelzen, leicht abkühlen lassen und die restlichen Zutaten unterrühren. Den Teig kühl stellen.

4. Ein Backblech mit Backpapier auslegen und den Backofen vorheizen. Den aufgegangenen Hefeteig nochmals kurz durchkneten und auf dem Backblech ausrollen.

5. Die Zwetschgen dicht auf dem Teig verteilen, die Streusel darüber geben und backen.
Backzeit: 45 Min. bei 180 °C (160 °C Heißluft)

Nussig-schokoladig

Schokofans aufgepasst – Blechkuchen trifft auf Schokolade! Diese süßen Leckereien schmelzen auf der Zunge und schmecken herrlich saftig, unfassbar schokoladig und nussig-lecker.

Gewürzkuchen

Zutaten:

Schüttelteig:
Flüssige Zutaten:
250 ml Milch
150 g flüssige Butter
2 EL flüssiger Honig
4 Eier
Trockene Zutaten:
350 g Mehl
250 g Zucker
100 g gemahlene Haselnüsse
1 TL Lebkuchengewürz
2 TL Zimt
1 TL Nelkenpulver
1 EL Kakao
1 Pck. Vanillezucker
1 Pck. Backpulver

Zum Verzieren:
200 g Zartbitterkuvertüre
1 Pck. gehackte Pistazien

Zubereitung:

1. Den Backofen vorheizen. Die flüssigen Zutaten in eine Schüssel geben und kräftig schütteln.

2. Die trockenen Zutaten ebenfalls in eine Schüssel geben und kräftig schütteln.

3. Nun die flüssigen Zutaten zu den trockenen geben und nochmals gut schütteln. Die Masse kurz mit einem Teigschaber durchrühren und den Teig auf ein gefettetes oder mit Backpapier ausgelegtes Blech geben und backen.
Backzeit: 25 Min. bei 180 °C (160 °C Heißluft)

4. Die Kuvertüre über dem heißen Wasserbad schmelzen und auf dem ausgekühlten Kuchen verstreichen. Mit Pistazien bestreuen und trocknen lassen.

Maulwurfkuchen

Zutaten:

Rührteig:
250 g weiche Butter
150 g Zucker
5 Eier
150 g Mehl
40 g Kakao
1 Pck. Backpulver

Creme:
800 g Sahne
3 Pck. Sahnesteif
2 Pck. Vanillezucker
30 g Puderzucker
120 g Schokoraspeln
6 Bananen

Zubereitung:

1. Den Backofen vorheizen. Die Butter mit dem Zucker schaumig schlagen. Nach und nach die Eier unterrühren. Das Mehl mit dem Kakao und dem Backpulver vermischen und alles zu einer glatten Masse verrühren.

2. Den Teig auf ein gefettetes oder mit Backpapier ausgelegtes Blech geben und backen.
Backzeit: 25 Min. bei 165 °C (150 °C Heißluft)

3. Die Sahne aufschlagen, dabei Sahnesteif, Vanillezucker und Puderzucker einrieseln lassen. Die Schokoraspeln unter die steif geschlagene Sahne heben und bis zur Verwendung kühl stellen.

4. Die oberste Lage des ausgekühlten Kuchens mit einem Messer abschneiden und in eine Schüssel krümeln.

5. Die Bananen schälen, längs halbieren und auf dem Kuchenboden verteilen.

6. Den Kuchen mit der Sahne bestreichen und die Krümel gleichmäßig darauf verteilen.

Nussecken

Zutaten:

Mürbeteig:
300 g Mehl
1 TL Backpulver
110 g Zucker
1 Pck. Vanillezucker
2 Eier
130 g weiche Butter

Zum Bestreichen:
6 EL Aprikosenkonfitüre

Belag:
200 g Butter
5 EL Wasser
170 g brauner Zucker
1 Pck. Vanillezucker
200 g gemahlene Mandeln
200 g gemahlene Haselnüsse
200 g gehackte Haselnüsse

Zum Verzieren:
100 g Zartbitterkuvertüre
100 g weiße Kuvertüre

Zubereitung:

1. Aus Mehl, Backpulver, Zucker, Vanillezucker, Eiern und Butter einen Mürbeteig herstellen. Den Teig auf der bemehlten Arbeitsfläche ausrollen, auf ein mit Backpapier ausgelegtes Backblech geben und mit der Hand gleichmäßig verteilen. Den Backofen vorheizen.

2. Die Aprikosenkonfitüre auf dem Teig verteilen.

3. Für den Belag Butter, Wasser, Zucker und Vanillezucker in einem Topf auf niedriger Temperatur schmelzen, sodass sich der Zucker auflöst. Die gemahlenen und gehackten Nüsse dazugeben und alles gut vermischen. Die Nussmasse gleichmäßig auf der Konfitüre verteilen und backen.
Backzeit: 35 Min. bei 175 °C (150 °C Heißluft)

4. Die Nussmasse erkalten lassen und zu Ecken schneiden.

5. Die Zartbitterkuvertüre und die weiße Kuvertüre jeweils über dem heißen Wasserbad schmelzen und die Nussecken damit verzieren.

So werden die Nussecken geschnitten:
Erst werden 12 Quadrate geschnitten, diese werden dann jeweils noch zu Dreiecken geschnitten.

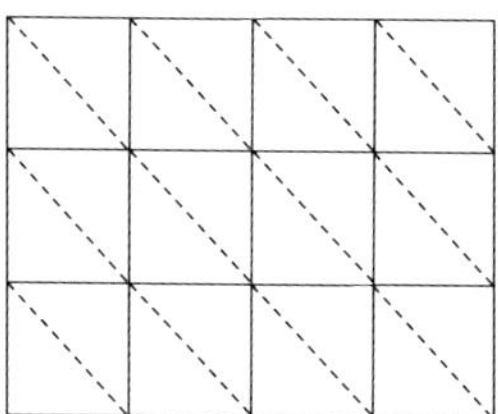

Saftiger Schokoladenkuchen

Zutaten:

Rührteig:
250 g Butter
500 g Zartbitterschokolade
8 Eier
250 g Zucker
130 g Mehl
1 Pck. Backpulver

Zum Verzieren:
etwas Kakao

Zubereitung:

1. Die Butter und die Zartbitterschokolade über dem heißen Wasserbad langsam schmelzen.
2. Die Eier mit dem Zucker schaumig schlagen, nach und nach Mehl und Backpulver unterrühren. Die flüssige Butter-Schoko-Mischung langsam unterheben.
3. Den Teig auf ein gefettetes oder mit Backpapier ausgelegtes Blech geben und backen. **Backzeit: 25 Min. bei 200 °C (180 °C Heißluft)**
4. Nach Belieben den ausgekühlten Kuchen mit Kakaopulver bestäuben.

Tipp:
Der Kuchen darf in der Mitte noch etwas feucht sein.

Schoko-Kirsch-Kuchen

Zutaten:

Rührteig:

170 g weiche Butter
120 g Zucker
1 Pck. Vanillezucker
3 Eier
300 g Mehl
½ Pck. Backpulver
30 g Kakao
150 ml Milch
1 EL Zitronensaft
100 g Schokotropfen
1 Glas Sauerkirschen
(Abtropfgewicht ca. 350 g)

Zum Verzieren:

Puderzucker

Zubereitung:

1. Den Backofen vorheizen. Die Butter schaumig schlagen, nach und nach den Zucker und den Vanillezucker einrieseln lassen. Die Eier einzeln unterrühren. Das Mehl, das Backpulver und den Kakao sieben und unterheben. Die Milch und den Zitronensaft einfließen lassen und unterrühren. Zum Schluss die Schokotropfen unterheben.
2. Die Sauerkirschen in einem Sieb abtropfen lassen.
3. Den Teig auf ein gefettetes oder mit Backpapier ausgelegtes Blech geben, die Kirschen auf dem Teig verteilen und backen.
   Backzeit: 30 Min. bei 180 °C (160 °C Heißluft)
4. Nach Belieben den ausgekühlten Kuchen mit Puderzucker bestäuben.

… unwiderstehliches Duo:
Schokolade trifft auf Kokos

Schoko-Kokos-Kuchen

Zutaten:

Rührteig:
5 Eier
200 g Puderzucker
1 Pck. Vanillezucker
125 ml Öl
125 ml Wasser
250 g Mehl
1 TL Backpulver
2 EL Kakao

Creme:
250 g Sahne
10 Blatt Gelatine
500 g Kokosjoghurt
1-2 EL Puderzucker
1 EL Schokotropfen
2 EL Kokosraspeln

Dekoration:
Kokosraspeln
Schokotropfen

Zubereitung:

1. Den Backofen vorheizen. Die Eier mit dem Puderzucker und dem Vanillezucker schaumig rühren. Abwechselnd das Öl und das Wasser unterrühren. Das Mehl mit dem Backpulver und dem Kakao vermischen und unter die flüssige Masse rühren.

2. Den Teig auf ein gefettetes oder mit Backpapier ausgelegtes Blech geben und backen. **Backzeit: 35 Min. bei 180 °C (160 °C Heißluft)**

3. Die Sahne steif schlagen. Die Gelatine in kaltem Wasser einweichen. Den Joghurt mit dem Puderzucker verrühren. Die Gelatine ausdrücken, in einen Topf geben und bei niedriger Temperatur schmelzen. 3-4 EL von der Joghurt-Zucker-Mischung in den Topf geben, mit der Gelatine verrühren. Die Gelatinemischung zu der restlichen Masse geben und verrühren.

4. Die Sahne vorsichtig unterrühren und zum Schluss die Schokotropfen und die Kokosraspeln unterheben.

5. Die Creme auf dem erkalteten Kuchen verteilen, glatt streichen und für ca. 1 Std. kühl stellen. Vor dem Servieren mit den Kokosraspeln und den Schokotropfen verzieren.

Schoko-Minz-Brownies

Zutaten:

Rührteig:
200 g Butter
400 g Zartbitterschokolade
6 Eier
180 g Zucker
1 Pck. Vanillezucker
260 g Mehl
20 g Kakao
1 TL Backpulver
200 g Schokotäfelchen mit Minzfüllung (ca. 24 St.)

Topping:
160 g Butter (zimmerwarm)
100 g Puderzucker
300 g Frischkäse (zimmerwarm)
5 EL Minzlikör

Zum Verzieren:
50 g Zartbitterschokolade

Zubereitung:

1. Den Backofen vorheizen. Die Butter und die Zartbitterschokolade über dem heißen Wasserbad langsam schmelzen und abkühlen lassen.

2. Die Eier mit dem Zucker und dem Vanillezucker schaumig schlagen. Das Mehl, den Kakao und das Backpulver vermischen.
Die flüssige Butter-Schoko-Mischung langsam unterheben und zum Schluss die Mehlmischung kurz unterrühren.

3. Den Teig auf ein gefettetes oder mit Backpapier ausgelegtes Blech geben, die Schoko-Minz-Täfelchen auf dem Teig verteilen und leicht eindrücken. Den hochgedrückten Teig vorsichtig über die Täfelchen streichen und backen.
Backzeit: 25 Min. bei 180 °C (160 °C Heißluft)

4. Für das Topping die Butter und den Puderzucker glattrühren. Den Frischkäse dazugeben und zum Schluss den Minzlikör unterrühren. Die Masse auf dem ausgekühlten Brownieteig verteilen.

5. Nach Belieben, die Zarbitterschokolade über dem Wasserbad schmelzen, in einen Spritzbeutel füllen und auf einem Stück Backpapier verschiedene Muster spritzen. Das Ganze für ca. 1 Std. im TK-Fach kühl stellen und danach die Brownies damit verzieren.

Tipp:

Die Brownies sollten nie ganz durchgebacken werden, sondern innen noch leicht nass sein. Statt Minzlikör kann auch ein Minzsirup verwendet werden.

... für alle
Schokoliebhaber

Schokoladen-Buttermilch-Kuchen

Zutaten:

Rührteig:
50 g Zartbitterschokolade
2 EL Instantkaffee
400 g Mehl
300g Zucker
50 g Kakaopulver
2 TL Natron
1 TL Backpulver
220 ml Öl
300 ml Buttermilch
4 Eier

Zubereitung:

1. Den Backofen vorheizen. Die Zartbitterschokolade und den Kaffee in eine Schüssel geben, 300 ml kochendes Wasser darüber gießen und ca. 5 Min. stehen lassen.

2. Das Mehl, den Zucker, den Kakao, das Natron und das Backpulver in einer Schüssel vermengen. Zuerst das Öl und dann die Buttermilch mit dem Handrührgerät unterrühren.

3. Die Eier nach und nach unterrühren. Zum Schluss die leicht abgekühlte Schoko-Kaffee-Mischung hinzufügen und vorsichtig unterrühren.

4. Den Teig auf ein gefettetes oder mit Backpapier ausgelegtes Blech geben und backen.
Backzeit: 25 Min. bei 180 °C (160 °C Heißluft)

Tipp:
Bei der Stäbchenprobe dürfen ruhig noch ein paar feuchte Krümel haften bleiben.

Schokoladenbrot

Zutaten:

Teig:
250 g weiche Butter
170 g Zucker
1 TL Vanillepaste
6 Eier
250 g Zartbitterschokolade
200 g gemahlene Mandeln
150 g Mehl
1 Pr. Salz
2 TL Zimt
½ TL Nelkenpulver

Zum Verzieren:
200 g Zartbitterkuvertüre
20 g Butter

Zubereitung:

1. Den Backofen vorheizen. Die Butter, den Zucker, die Vanillepaste und die Eier in einer großen Schüssel ca. 5 Min. aufschlagen. Die Schokolade in kleine Stücke hacken.

2. Die Mandeln mit dem Mehl, dem Salz, dem Zimt, dem Nelkenpulver und der gehackten Schokolade mischen und unter die Butter-Zucker-Ei-Masse mischen.

3. Den Teig auf ein gefettetes oder mit Backpapier ausgelegtes Blech geben und backen.
Backzeit: 20 Min. bei 180 °C (160 °C Heißluft)

4. Die Kuvertüre mit der Butter über dem heißen Wasserbad schmelzen und auf dem ausgekühlten Kuchen verstreichen. Mit einem Tortenkamm verzieren und vollständig trocknen lassen. Den Kuchen in kleine Stücke schneiden und servieren.

Dessert mal
anders ...

Tiramisu-Blechkuchen

Zutaten:

Biskuitteig:
6 Eier
140 g Zucker
150 g Mehl
2 TL Backpulver
30 g Kakao

Füllung:
500 ml Sahne
1 Pck. Sahnesteif
250 g Mascarpone
300 g Frischkäse
300 g Naturjoghurt
160 g Zucker
2 Pck. Vanillezucker
200 g Löffelbiskuit
1 Tasse starker abgekühlter Kaffee

Zum Verzieren:
Kakao zum Bestäuben

Der Kaffee kann nach Belieben mit 2-3 EL Amaretto vermischt werden.

Zubereitung:

1. Den Backofen vorheizen. Die Eier und den Zucker ca. 5 Min. sehr schaumig schlagen. Das Mehl, das Backpulver und den Kakao mischen, sieben und vorsichtig unter die Zucker-Ei-Mischung heben.

2. Das Backblech mit Backpapier auslegen, den Teig auf das Blech streichen und backen. **Backzeit: 15 Min. bei 180 °C (160 °C Heißluft)**

3. Die Sahne steif schlagen und das Sahnesteif einrieseln lassen.

4. Den Mascarpone mit dem Frischkäse, dem Joghurt, dem Zucker und dem Vanillezucker gut verrühren. Die Sahne vorsichtig unterheben. Die Hälfte der Masse auf den ausgekühlten Kuchen streichen.

5. Den Löffelbiskuit in dem kalten Kaffee wenden und den Kuchen damit belegen. Den Rest der Masse darauf verteilen und kurz vor dem Servieren mit Kakao bestäuben.

Walnuss-Brownies

Zutaten:

Sondermaß: kleines Backblech (ca. 38 x 25 cm)

Brownieteig:

400 g Zartbitterschokolade
160 g Butter
4 Eier
180 g brauner Zucker
1 Pck. Vanillezucker
180 g Mehl
3 EL Kakaopulver
2 EL Milch
250 g Walnusskerne

Zubereitung:

1. Die Zartbitterschokolade und die Butter über dem heißen Wasserbad schmelzen und auskühlen lassen.

2. Die Eier mit dem Zucker und dem Vanillezucker schaumig rühren. Das Mehl mit dem Kakaopulver vermischen und unterrühren. Das Backblech mit Backpapier auslegen und den Ofen vorheizen.

3. Die ausgekühlte Schoko-Butter-Mischung zu der Eimasse rühren. Die Mehlmischung und die Milch hinzugeben und zu einem glatten Teig verrühren.

4. Die Walnusskerne grob hacken und ca. die Hälfte unter den Teig heben. Den Teig in die Form füllen und glattstreichen. Die restlichen Kerne auf den Brownies verteilen und backen.
Backzeit: 30 Min. bei 180 °C (160 °C Heißluft)

Tipp:

Die Brownies sollten nie ganz durchgebacken werden.

Blechkuchen mal anders

Wem die klassischen Varianten vom Blechkuchen zu langweilig sind, für den haben wir eine Auswahl an pfiffigen »mal anders-Ideen« zusammengestellt.

... bunte Kinder-
Geburtstagswelt

Bauklotz-Kuchen

Zutaten:

Rührteig:
400 g weiche Butter
250 g Zucker
1 Pck. Vanillezucker
1 Pr. Salz
6 Eier
400 g Mehl
3 TL Backpulver
1 TL Vanillepaste
1 EL Zitronensaft

Guss:
2 Zitronen
400 g Puderzucker
Lebensmittelfarbe

Zum Verzieren:
bunte Schokolinsen

Zubereitung:

1. Den Backofen vorheizen. Die Butter mit dem Zucker, dem Vanillezucker und dem Salz schaumig schlagen. Die Eier nach und nach hinzugeben. Das Mehl und das Backpulver mischen und unterrühren. Zum Schluss die Vanillepaste und den Zitronensaft untermischen.

2. Ein Backblech mit Backpapier auslegen, den Teig gleichmäßig darauf verteilen und backen.
Backzeit: 20 Min. bei 180 °C (160 °C Heißluft)

3. Für den Guss die Zitronen auspressen und den Saft mit Puderzucker glatt rühren. Den Guss auf mehrere kleine Schüsseln verteilen und mit der Lebensmittelfarbe einfärben.

4. Den Kuchen in verschiedene Größen (wie Bauklötze) schneiden und mit den unterschiedlichen Güssen einfärben. Jeden Bauklotz mit den farblich passenden Schokolinsen belegen und die Bauklötze gut trocknen lassen.

Froschkönig-Kuchen

Zutaten:

Rührteig:
500 g TK Rahmspinat
200 g weiße Schokolade
450 ml neutrales Öl
6 Eier
250 g Zucker
1 Pck. Vanillezucker
500 g Mehl
1 ½ Pck. Backpulver

Buttercreme:
2 EL Aprikosenkonfitüre
120 g weiche Butter
50 g Puderzucker

Zum Verzieren:
Zuckerperlen

Zubereitung:

1. Den Spinat in einem Sieb auftauen lassen. Die Schokolade klein hacken und über dem Wasserbad schmelzen. Den Backofen vorheizen.

2. Den aufgetauten Spinat etwas ausdrücken und zusammen mit dem Öl kurz pürieren, bis sich beide Komponenten miteinander verbunden haben.

3. Die Eier, den Zucker und den Vanillezucker schaumig rühren. Das Mehl und das Backpulver mischen und abwechselnd mit der Spinatmischung zu der Zucker-Ei-Mischung geben. Zu einem glatten Teig verrühren. Zum Schluss die flüssige, abgekühlte Schokolade einrühren.

4. Das Backblech mit Backpapier auslegen, den Teig drauf verteilen und backen.
Backzeit: 35 Min. bei 175 °C (150 °C Heißluft)

5. Für die Buttercreme die Konfitüre erwärmen und durch ein Sieb streichen. Die Butter mit dem Puderzucker ca. 10 Min. sehr cremig aufschlagen. Die Konfitüre langsam darunter rühren. Den ausgekühlten Kuchen in quadratische Stücke schneiden.

6. Die Buttercreme in einen Spritzbeutel füllen und kleine »Kronen« auf den Kuchen spritzen. Mit Zuckerperlen verzieren. Bis zum Servieren kaltstellen.

... Spinat im Kuchen?
Muss man probieren!

Herzchen-Kuchen

Zutaten:

Rührteig:
250 g weiche Butter
220 g Zucker
1 Pck. Vanillezucker
5 Eier
300 g Mehl
1 Pck. Backpulver
4 EL Milch
500 g Erdbeeren

Zubereitung:

1. Die Butter, den Zucker, den Vanillezucker und die Eier schaumig rühren. Das Mehl und das Backpulver mischen und sieben. Die Mehlmischung abwechselnd mit der Milch unterrühren. Den Backofen vorheizen.

2. Den Teig auf ein gefettetes oder mit Backpapier ausgelegtes Blech geben.

3. Die Erdbeeren waschen, das Grün entfernen, halbieren und mit der Hautseite nach unten auf den Teig setzen (nicht andrücken).
   Den Kuchen backen.
   Backzeit: 20 Min. bei 180 °C (160 °C Heißluft)

Blechkuchen am Stiel

Zutaten:

Rührteig:
400 g Mehl
1 Pck. Backpulver
1 Pr. Salz
200 g Zucker
1 Pck. Vanillezucker
5 Eier
150 ml Milch
125 ml neutrales Öl
5 EL Zitronensaft

Zum Verzieren:
150 g Zartbitterschokolade
150 g Vollmilchschokolade
150 g weiße Schokolade
Zuckerstreusel
12 Holzstäbchen

Zubereitung:

1. Den Backofen vorheizen und ein Backblech mit Backpapier belegen.

2. Das Mehl mit dem Backpulver, dem Salz, dem Zucker, dem Vanillezucker, den Eiern, der Milch, dem Öl und dem Zitronensaft zu einem glatten Teig verrühren. Den Teig auf dem Backblech verteilen, glattstreichen und backen.
Backzeit: ca. 18 Min. bei 180 °C (160 °C Heißluft)

3. Den ausgekühlten Kuchen in rechteckige Stücke schneiden. Jede Schokoladensorte nacheinander über dem heißen Wasserbad schmelzen.

4. Je 2 TL der Schokolade auf ein Kuchenstück geben und mit einem Messer den Guss oben und an der Seite verstreichen. Das Stückchen auf ein Backpapier legen und mit den Zuckerstreuseln verzieren.

5. Den vierten Schritt wiederholen, bis alle drei Sorten Schokolade aufgebraucht sind. Zum Schluss die Holzstäbchen in die Kuchen stecken.

6. Der Kuchen sollte an einem kühlen Ort aber nicht im Kühlschrank gelagert werden.

Tipp:
Nach Belieben kann statt Zuckerstreuesel auch nur Schokolade zum Verzieren verwendet werden.

… geprüft, getestet,
gelingt garantiert!

Kuhflecken-Kuchen

Zutaten:

Rührteig:
6 Eier
120 g Zucker
1 TL Vanillepaste
160 ml neutrales Öl
200 ml Wasser
400 g Mehl
70 g Kakao
1 Pck. Backpulver

Creme:
400 ml Sahne
1 Pck. Sahnesteif
400 ml Milch
50 g Zartbitterschokolade
4 EL Puderzucker
4 EL Mehl
6 Blatt Gelatine

Zum Verzieren:
50 g weiße Kuvertüre
50 g Zartbitterkuvertüre

Zubereitung:

1. Den Backofen vorheizen. Die Eier mit dem Zucker und der Vanillepaste einige Minuten cremig rühren. Das Öl und das Wasser nacheinander einfließen lassen. Das Mehl, den Kakao und das Backpulver sieben, zu der Masse hinzugeben und nochmals kurz umrühren.

2. Den Teig auf ein gefettetes oder mit Backpapier ausgelegtes Blech geben und backen.
Backzeit: 15 Min. bei 180 °C (160 °C Heißluft)

3. Für die Creme die Sahne anschlagen und das Sahnesteif einrieseln lassen. Die Sahne steif schlagen und kühl stellen. Die Milch mit der Zartbitterschokolade erhitzen, kurz kochen und dann den Puderzucker und das Mehl dazu sieben. Die Masse ein paar Minuten köcheln und in einer Schüssel ganz abkühlen lassen.

4. Die Sahne mit der abgekühlten Milchcreme vermengen. Die Gelatine einweichen, in einen Topf geben, erhitzen, von der Kochstelle nehmen und 3-4 EL der kalten Masse hinzugeben und gut verrühren. Die Gelatinemasse zu der restlichen Mischung geben, kurz kühl stellen, bis diese geliert und dann auf den Kuchen streichen. Ca. 1-2 Std. kühl stellen.

5. Zum Schluss die Kuvertüre in 2 unterschiedlichen Schüsseln über dem heißen Wasserbad schmelzen, in eine kleine Plastiktüte geben, die Spitze abschneiden und weiße und braune Flecken auf den Kuchen spritzen. Den Kuchen nochmals 1 Std. kühl stellen.

Mokka-Kuchen

Zutaten:

Biskuitteig:
5 Eier
90 g Zucker
1 EL Vanillezucker
100 g Mehl
½ TL Backpulver
20 g Kakaopulver

Füllung:
4 Eigelb
20 g Zucker
¾ EL Instant-Kaffee
2 EL Wasser
150 g weiche Butter

Zum Verzieren:
etwas Amaretto
50 g Haselnusskrokant
Mokkabohnen

Zubereitung:

1. Den Backofen vorheizen. Für den Teig die Eier mit dem Zucker und dem Vanillezucker ca. 8 Min. sehr schaumig schlagen. Das Mehl mit dem Backpulver und dem Kakao mischen und sieben. Vorsichtig die Zucker-Ei Mischung unterheben.

2. Ein Backblech mit Backpapier belegen, den Teig darauf verteilen und backen.
Backzeit: ca. 10-12 Min. auf 200 °C (180 °C Heißluft)

3. Die Eigelbe mit dem Zucker, dem Kaffee und dem Wasser über dem heißen Wasserbad unter ständigem umrühren auf ca. 85 °C erhitzen, bis die Masse etwas zähflüssiger wird. Anschließend wird diese mit dem Handrührgerät kühl geschlagen. Die weiche Butter einrühren und alles kräftig schaumig rühren.

4. Den Biskuit von dem Backpapier lösen und den Boden in 4 Streifen schneiden und mit etwas Amaretto beträufeln. Etwas von der Creme für die Deko beiseite stellen. Den ersten Boden mit einer dünnen Creme-Schicht bestreichen, dann den zweiten Boden darauflegen. Den Vorgang wiederholen, bis der vierte Boden ganz oben liegt.

5. Auf den obersten Boden wird nun der Rest der Creme gestrichen. Den Kuchen in ca. 4 cm dicke Stücke schneiden, die Creme aufspritzen und mit dem Krokant und den Mokkabohnen verzieren.

Stollenkuchen

Zutaten:

Teig:
200 g Rosinen
100 g Zitronat
100 g Orangeat
100 ml Rum
100 g gemahlene Haselnüsse
200 g Marzipanrohmasse
250 g Quark
120 g Zucker
1 TL Vanillepaste
4 Eier
200 g weiche Butter
1 Msp. Nelkenpulver
1 Msp. Zimt
400 g Mehl
1 Pck. Backpulver

Zum Verzieren:
100 g Butter
100 g Puderzucker

Zubereitung:

1. Den Backofen vorheizen und ein Backblech mit Backpapier belegen.

2. Die Rosinen mit dem Zitronat und Orangeat grob hacken, in eine Schüssel geben und mit dem Rum mischen. Ca. 40 Min. ziehen lassen.

3. Die Haselnüsse in einer Pfanne ohne Fett etwas anrösten. Das Marzipan fein reiben.

4. Die Nüsse mit dem Quark, dem Zucker, der Vanillepaste, den Eiern, der Butter, den Gewürzen, dem Mehl und dem Backpulver mit der Küchenmaschine zu einem glatten Teig verkneten. Die Früchte aus dem Rum nehmen und mit dem Marzipan unter die Masse kneten. Den Teig glatt auf das Backblech streichen und backen.
Backzeit: ca. 25 Min. auf 190 °C (170 °C Heißluft)

5. Für den Guss die Butter schmelzen und den ausgekühlten Kuchen damit einstreichen. Gleichmäßig den Puderzucker darüber streuen und in kleine Stücke schneiden.

Zahlen-Kuchen

Zutaten:

Rührteig:
300 g weiche Butter
230 g Zucker
6 Eier
1 Pr. Salz
600 g Mehl
1 Pck. Backpulver
250 ml Buttermilch
1 EL Zitronensaft
1 TL Vanillepaste

Zum Verzieren:
600 g Sahne
3 Pck. Sahnesteif
1 Pck. Vanillezucker
375 g Himbeeren
1 Handvoll Kirschen
Pistazien

Zubereitung:

1. Den Backofen vorheizen. Die Butter mit dem Zucker schaumig schlagen. Nach und nach die Eier und das Salz hinzugeben und gut unterrühren. Das Mehl und das Backpulver mischen und abwechselnd mit der Buttermilch zu der Butter-Zucker-Ei-Mischung geben. Zum Schluss den Zitronensaft und die Vanillepaste unterrühren.

2. Das Backblech mit Backpapier auslegen, den Teig drauf verteilen und backen.
   Backzeit: ca. 20 Min. bei 180 °C (160 °C Heißluft)

3. Den Kuchen nach dem Backen auf die Arbeitsfläche stürzen, das Backpapier abziehen und auskühlen lassen.

4. Die gewünschten Zahlen auf ein großes Stück Backpapier zeichnen oder aus dem Internet ausdrucken. Die Zahlen aus dem Kuchen ausschneiden und auf zwei kleine Kuchenplatten legen. Übrige Kuchenteile auf die Seite stellen.

5. Die Sahne in einer großen Schüssel steif schlagen und das Sahnesteif und den Vanillezucker einrieseln lassen.

6. Die Früchte waschen und abtropfen lassen. Die Zahlen mit der Sahne bestreichen, die Früchte darauf verteilen. Die Kuchenreste zerbröseln und auf dem Kuchen verteilen. Zum Schluss mit den Pistazien verzieren.

Back- und Kochbücher

Spatzen & Spätzle

Wer kennt sie nicht, die goldgelben Spätzle. Ob als Kässpatzen mit Allgäuer Käse und Zwiebeln, in Suppen, als Beilage oder als süße Variante zum Dessert.

132 S., 14,8 x 21 cm, Spiralbindung
***Best.-Nr. 0277**, Preis: 12,50 Euro**

Ruck-Zuck fertig

Traditionell und ausgefallen: Dieses Kochbuch ist für alle die »schnelles« Kochen lieben. Garantiert lecker und leicht nachzukochen sind diese herzhaften und süßen Ruck-Zuck-Ge- richte. Also, ran an die Töpfe und los!

130 S., 14,8 x 21 cm, Spiralbindung,
***Best.-Nr. 0291**, Preis: 14,50 Euro**

Feine Hofküche

Kaum eine andere Küche vermittelt ein so wunderbares Heimatgefühl wie die Allgäuer Hofküche. Die Feine Hofküche bietet deftige Gerichte, herzhaftes Fleisch, Suppen mit Einlage, reich belegte Brote, süße Kuchen und pfiffige Einmach-Ideen!

144 S., 14,8 x 21 cm, Spiralbindung
***Best.-Nr. 0287**, Preis: 14,50 Euro**

Schätze im Glas

Frisch geerntet und ab ins Glas bringt Genuss das ganze Jahr. Von Gelees über Marmeladen, Säfte, Sirupe, eingelegtes Gemüse bis hin zu Saucen & Chutneys ist alles dabei. Zudem erfahren Sie alles über Einkochen, Einmachen und Fermentieren.

130 S., 14,8 x 21 cm, Spiralbindung
***Best.-Nr. 0282**, Preis: 12,50 Euro**

Noch Fragen oder Anregungen?

Der direkte Kontakt mit unseren LeserInnen liegt uns sehr am Herzen. Wenn Sie also Nachfragen, Rückmeldungen, Anregungen, Verbesserungsvorschläge oder Kritik zu diesem Buch haben, freuen wir uns sehr auf Ihre Nachricht. Sie erreichen uns am besten, via Mail an j.strodl@ava-verlag.de oder telefonisch unter (08 31) 5 71 42-69.
Wenn Sie uns im Internet besuchen möchten, dann finden Sie uns unter www.ava-verlag.de

Impressum

Herausgeber & Verlag:
AVA-Agrar Verlag Allgäu GmbH
Porschestraße 2 • 87437 Kempten /Allgäu
Telefon: (08 31) 5 71 42-0
Fax: (08 31) 5 71 42-22
E-Mail: vertrieb@ava-verlag.de
Internet: www.ava-verlag.de

Gesellschafter:
A. Kiechle, H. Kühnle, S. Kühnle-Weber, A. Weixler, Landwirtschaftsverlag Münster

Geschäftsführer:
Dr. Harald Ströhlein

Redaktion & Layout:
Johanna Strodl, Ulrike Steiger

Fotos, Rezeptauswahl, Umsetzung:
Lisa Langhammer

Gestaltungselemente:
Borten: Rica Ichizu/stock.adobe.com
Hintergrund: apanfilova/stock.adobe.com
Freisteller: Lady-Luck/stock.adobe.com
(Kapitel Klassisch-fein und Fruchtig-leicht)
Happypictures/stock.adobe.com
(Kapitel Nussig-schokoladig und ... mal anders)
Handlettering: Anna-Maria Boppeler

ISBN:
978-3-98516-012-9

Druck:
Royal Druck GmbH
Kempten/Allgäu
www.royaldruck.de

GEDRUCKT IN DER Heimat